Impressum
Verlag: BABADADA GmbH, Nedderfeld 112 , 22529 Hamburg
Geschäftsführer / Verlagsleitung: Harald Hof
Druck: Books on Demand GmbH, In de Tarpen 42, 22848 Norderstedt

Imprint
Publisher: BABADADA GmbH, Nedderfeld 112 , 22529 Hamburg, Germany
Managing Director / Publishing direction: Harald Hof
Print: Books on Demand GmbH, In de Tarpen 42, 22848 Norderstedt

# škola

# escola

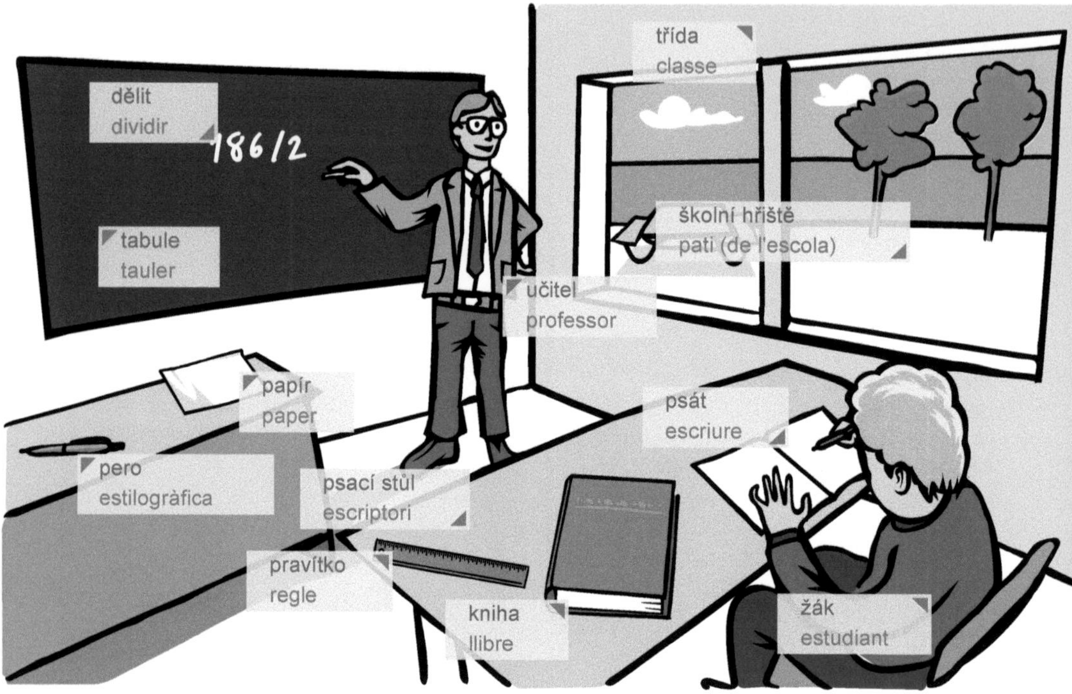

třída
classe
dělit
dividir
186/2
tabule
tauler
školní hřiště
pati (de l'escola)
učitel
professor
papír
paper
psát
escriure
pero
estilogràfica
psací stůl
escriptori
pravítko
regle
kniha
llibre
žák
estudiant


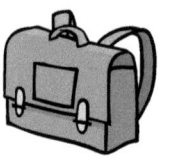

aktovka

bossa

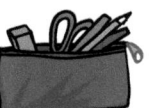

penál

estoig

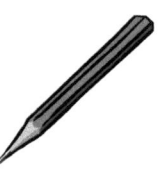

tužka

llapis

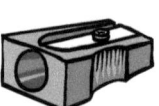

ořezávátko

maquineta de fer punta

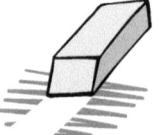

guma

goma

blok na kreslení

bloc de dibuix

**výkres**

dibuix

**štětec**

pinzell

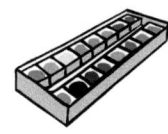

**malířské potřeby**

capsa de pintures

**nůžky**

tisores

**lepidlo**

cola

**cvičebnice**

quadern d'exercicis

**domácí úkol**

deures

**počet**

nombre

**sčítat**

afegir

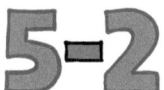

**odčítat**

sostreure

**násobit**

multiplicar

**počítat**

calcular

**písmeno**

lletra

**abeceda**

alfabet

**slovo**

mot

text

text

číst

llegir

křída

guix

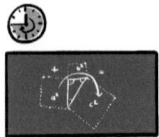

hodina

lliçó

třídní kniha

llibre de classe

zkouška

examen

vysvědčení

certificat

školní uniforma

uniforme escolar

vzdělání

formació

encyklopedie

enciclopèdia

univerzita

universitat

mikroskop

microscopi

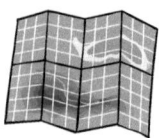

karta

mapa

odpadkový koš na papír

paperera

hotel
hotel

ubytovna
alberg

ROOMS

D

směnárna
oficina de canvi

kufr
maleta

auto
automòbil

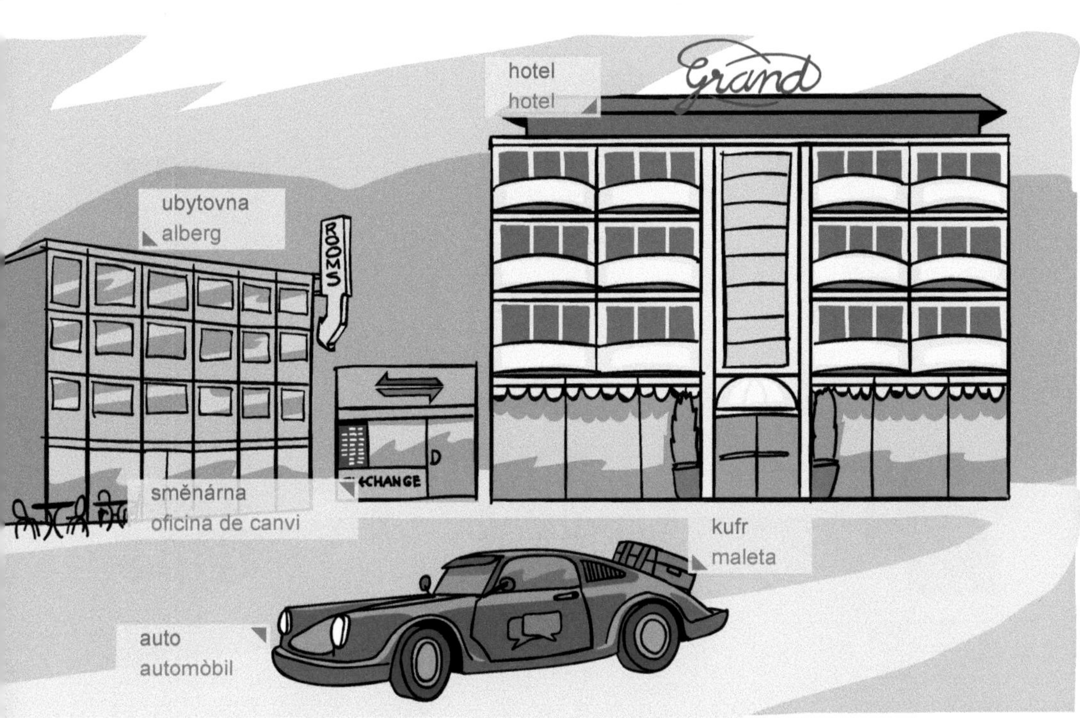

jazyk
............
llengua

ano / ne
............
sí / no

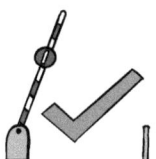

oukej
............
D'acord

Ahoj!
............
Ey!

překladatel
............
traductora

děkuji
............
gràcies

Kolik stojí...?

Quant costa... ?

nerozumím

No entenc

problém

problema

Dobrý večer!

Bona nit!

Dobré ráno!

bon dia!

Dobrou noc!

bona nit!

na shledanou

fins aviat

směr

direcció

zavazadlo

bagatge

taška

bossa

batoh

sarrona

host

convidat

pokoj

cambra

spací pytel

sac de dormir

stan

tenda

| | | |
|---|---|---|
|  |  |  |
| turistické informace | pláž | kreditní karta |
| oficina de turisme | platja | carta de crèdit |
|  |  |  |
| snídaně | oběd | večeře |
| esmorzar | dinar | sopar |
|  |  |  |
| jízdenka | výtah | poštovní známka |
| bitllet | ascensor | segell |
|  |  |  |
| hranice | clo | poselství |
| frontera | duana | ambaixada |
|  |  | |
| vízum | pas | |
| visat | passaport | |

# transport

# transport


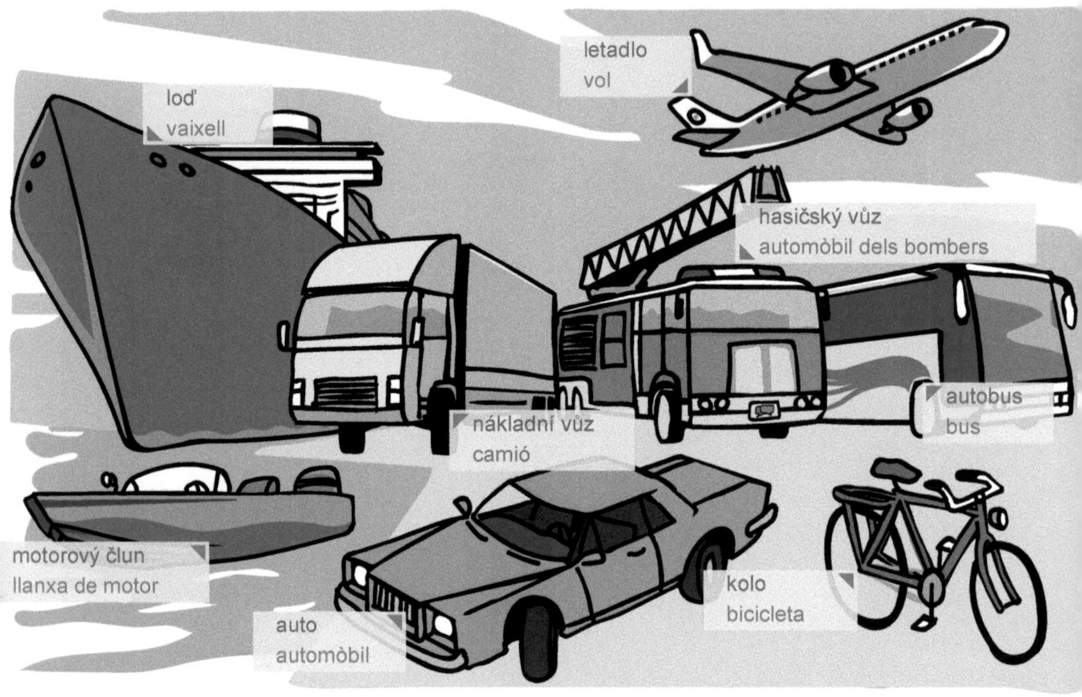

letadlo
vol
loď
vaixell
hasičský vůz
automòbil dels bombers
autobus
bus
nákladní vůz
camió
motorový člun
llanxa de motor
kolo
bicicleta
auto
automòbil


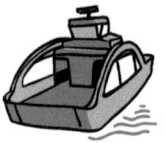

přívoz

transbordador

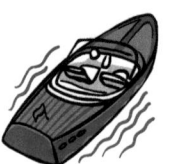

člun

barca

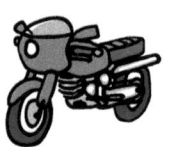

motorka

moto

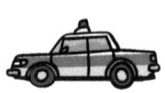

policejní auto

automòbil de policia

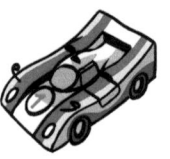

závodní auto

automòbil de curses

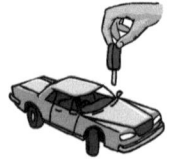

pronajaté auto

automòbil de lloguer

sdílení aut

vehicle compartit

odtahová služba

grua

popelářský vůz

camió de les escombraries

motor

motor

palivo

benzina

čerpací stanice

benzineria

dopravní značka

senyal de trànsit

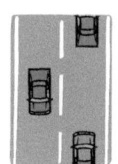

doprava

trànsit

dopravní zácpa

embús

parkoviště

aparcament

vlakové nádraží

estació de trens

koleje

vies

vlak

tren

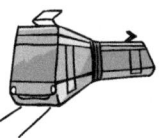

tramvaj

tramvia

vagón

vagó

helikoptéra

helicòpter

letiště

aeroport

věž

torre

pasažér

passatger

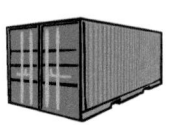

kontejner

contenidor

kartón

capsa de cartó

trakař

carretó

koš

cistella

vzlétnout / přistát

enlairar-se / aterrar

# město

## ciutat

vesnice

poble

střed města

centre de la ciutat

dům

casa

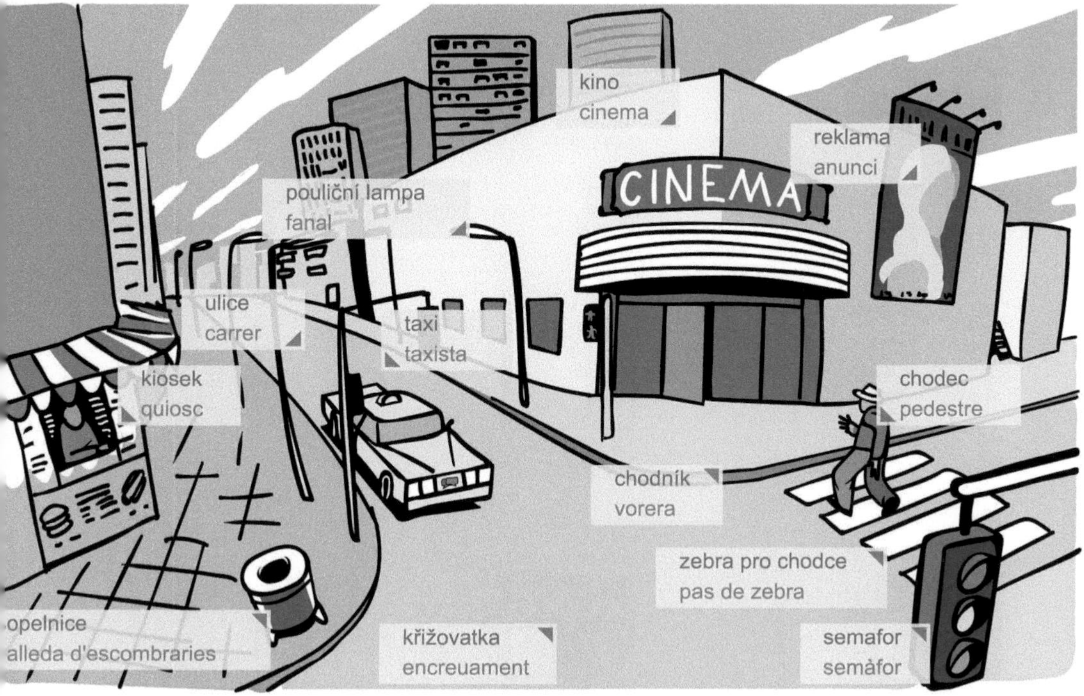
kino
cinema
CINEMA
reklama
anunci
pouliční lampa
fanal
ulice
carrer
taxi
taxista
kiosek
quiosc
chodec
pedestre
chodník
vorera
zebra pro chodce
pas de zebra
opelnice
alleda d'escombraries
křižovatka
encreuament
semafor
semàfor

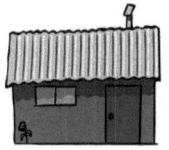

chata

cabana

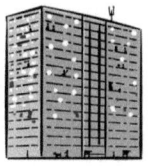

byt

apartament

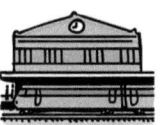

vlakové nádraží

estació de trens

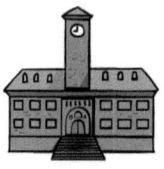

radnice

casa de la vila-ciutat

MUSEUM

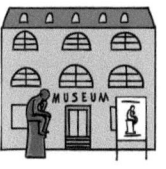

muzeum

museu

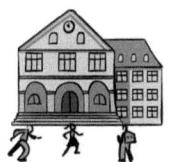

škola

escola

univerzita

universitat

banka

banca

nemocnice

hospital

hotel

hotel

lékárna

farmàcia

kancelář

oficina

knihkupectví

llibreria

obchod

botiga

květinářství

floristeria

supermarket

supermercat

tržnice

mercat

obchodní dům

gran magatzem

rybárna

peixateria

nákupní centrum

centre comercial

přístav

port

park
parc

lavička
banc

most
pont

schody
escala

metro
metro

tunel
túnel

autobusová zastávka
parada d'autobús

bar
bar

restaurace
restaurant

poštovní schránka
bústia de correu

pouliční tabule
senyal indicador

parkovací hodiny
parquímetre

zoo
zoo

plovárna
piscina

mešita
mesquita

usedlost

granja

znečišťování životního prostředí

pol·lució

hřbitov

cementiri

církev

església

hřiště

parc infantil

chrám

temple

## krajina
## paisatge

list
fulla

rozcestník
cartell indicador

cesta
camí

louka
prat

turista
excursionista

kámen
pedra

strom
arbre

řeka
riu

tráva
gespa

květina
flor

údolí

vall

hora

muntanya

jezero

llac

les

bosc

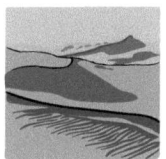

poušť

desert

sopka

volcà

zámek

castell

duha

arc de Sant Martí

houba

bolet

palma

palmera

komár

moscard

moucha

mosca

mravenec

formiga

včela

abella

pavouk

aranya

brouk

escarabat

žába

granota

veverka

esquirol

ježek

eriçó

zajíc

llebre

sova

òliba

pták

ocell

labuť

cigne

divoké prase

senglar

jelen

cervo

los

ant

přehrada

presa

větrné kolo

turbina

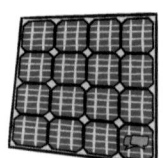

solární panel

panell solar

podnebí

clima

# restaurace
# restaurant

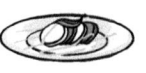

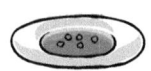

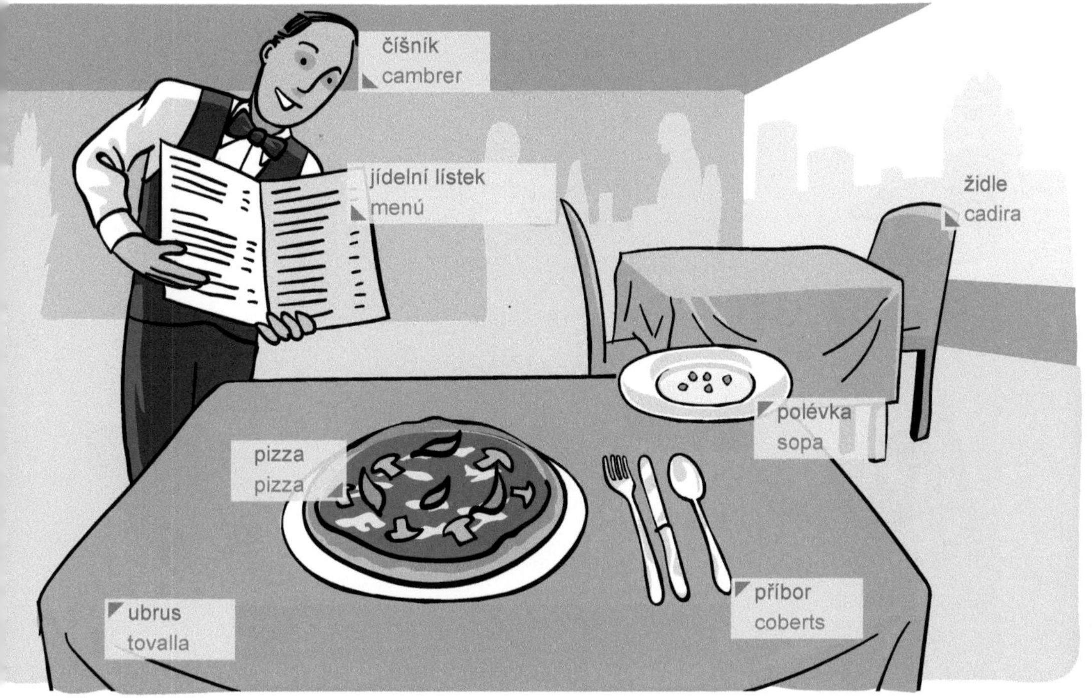
číšník
cambrer
jídelní lístek
menú
židle
cadira
polévka
sopa
pizza
pizza
příbor
coberts
ubrus
tovalla

předkrm

primer plat

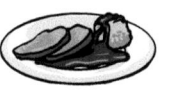

hlavní chod

plat principal

dezert

darreries

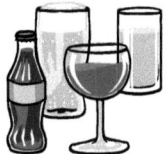

nápoje

begudes

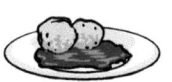

jídlo

menjar

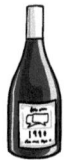

láhev

ampolla

rychlé občerstvení

menjar ràpid

pouliční občerstvení

menjar de carrer

čajová konvice

tetera

cukřenka

sucrer

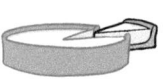

porce

porció

kávovar na espresso

màquina d'espresso

dětská stolička

trona

faktura

factura

tác

plata

nůž

ganivet

vidlička

forqueta

lžíce

cullera

čajová lyžička

cullereta

ubrousek

tovalló

sklenička

got

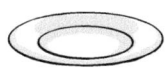

talíř

plat

talíř na polévku

plat de sopa

podšálek

plateret

omáčka

salsa

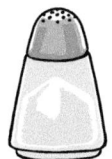

slánka

saler

mlýnek na pepř

molinet de pebre

ocet

vinagre

olej

oli

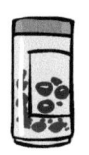

koření

espècies

kečup

quètxup

hořčice

mostassa

majonéza

maionesa

# supermarket

# supermercat

nabídka
oferta especial
FOR
zákazník
client
mléčné výrobky
productes lactis
ovoce
fruites
nákupní vozík
carret de la compra

BUTCHERS

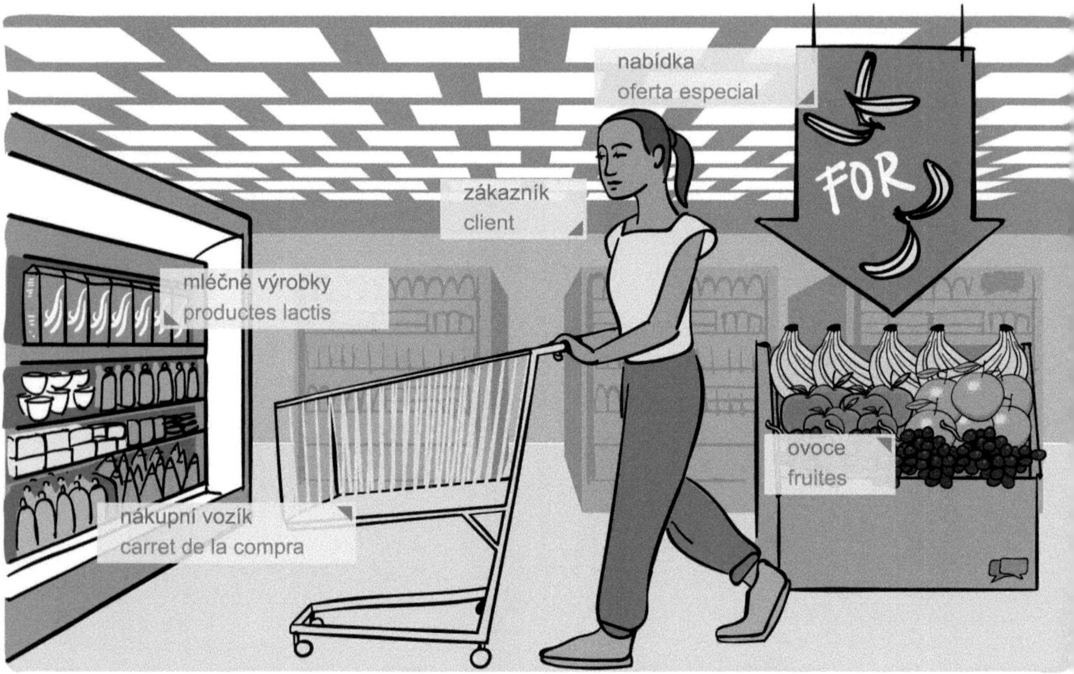

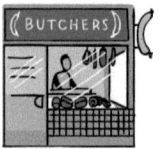

masna

carnisseria

BAKERY

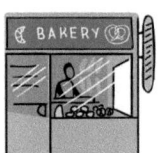

pekařství

forn de pa

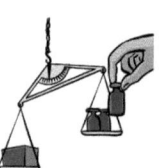

vážit

pesar

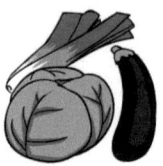

zelenina

verdures

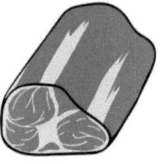

maso

carn

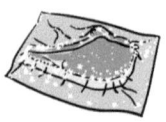

mražené potraviny

menjar congelat

obložený talíř

carn freda

konzervy

conserves

prací prášek

detergent en pols

cukrovinky

dolços

výrobky pro domácnost

articles domèstics

čisticí prostředek

productes de neteja

prodavačka

venedora

pokladna

caixa registradora

pokladní

caixera

nákupní seznam

llista de la compra

otevírací doba

horari d'obertura

peněženka

portamonedes

kreditní karta

carta de crèdit

taška

bossa

igelitová taška

bossa de plàstic

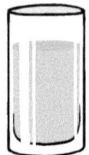

voda
aigua

džus
suc

mléko
llet

kola
coca-cola

víno
vi

pivo
cervesa

alkohol
alcohol

kakao
cacau

čaj
te

káva
cafè

espresso
espresso

kapučíno
cappuccino

banán

banana

jablko

poma

pomeranč

taronja

meloun

síndria

citrón

llimona

mrkev

pastanaga

česnek

all

bambus

bambú

cibule

ceba

houba

bolet

ořechy

avellanes

těstoviny

fideus

špageti

espaguetis

rýže

arròs

salát

amanida

hranolky

patates fregides

americké brambory

patates fregides

pizza

pizza

hamburger

hamburguesa

sendvič

entrepà

řízek

escalopa

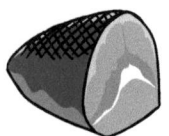

šunka

cuixot

salám

salami

salám

salsitxa

kuře

pollastre

pečeně

rostit

ryby

peix

ovesné vločky

flocs de civada

müsli

musli

vločky

cereals

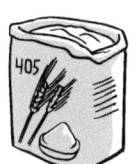

mouka

farina

croissant

croissant

houska

panet

chléb

pa

toast

torrada

sušenky

bescuits

máslo

mantega

tvaroh

mató

buchta

pastís

vejce

ou

volské oko

ou fregit

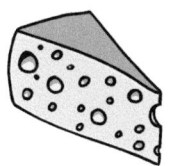

sýr

formatge

zmrzlina

gelat

cukr

sucre

med

mel

marmeláda

melmelada

nugátový krém

crema de xocolata

kari

curri

# usedlost
# granja

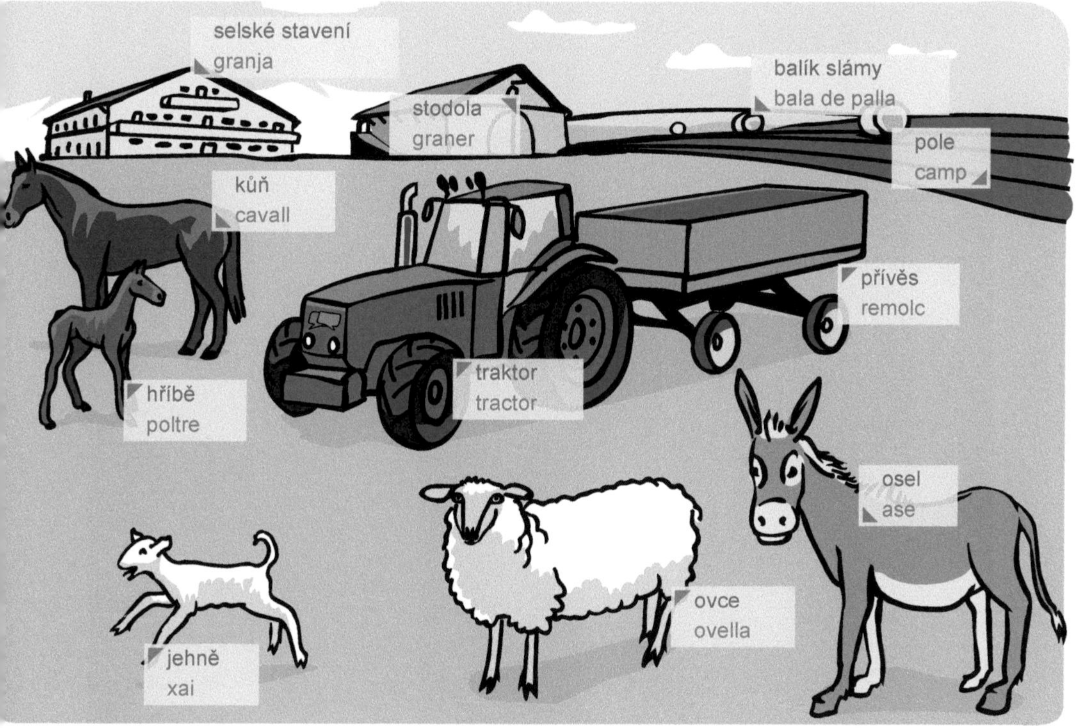

selské stavení
granja
balík slámy
bala de palla
stodola
graner
pole
camp
kůň
cavall
přívěs
remolc
traktor
tractor
hříbě
poltre
osel
ase
ovce
ovella
jehně
xai


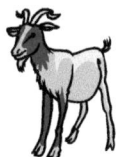

koza

cabra

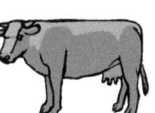

kráva

vaca

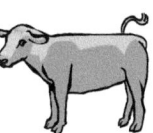

tele

vedella

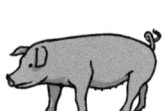

prase

porc

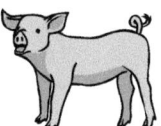

sele

garrí

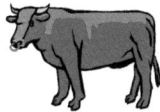

býk

bou

husa
oca

kachna
ànec

kuře
poll

slepice
gall

kohout
gallina

krysa
rata

kočka
gat

myš
ratolí

vůl
bou

pes
gos

psí bouda
gossera

zahradní hadice
mànega de regar

kropicí konev
regadora

kosa
dalla

pluh
arada

srp

falç

motyka

aixada

vidle

forca

sekera

destral

kolecko

carretó

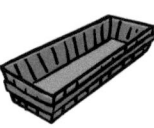

koryto

abeurador

konev na mléko

lletera

pytel

sac

plot

tanca

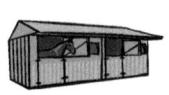

stáj

establa

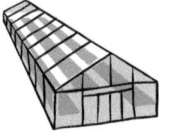

skleník

hivernacle

půda

sòl

osivo

llavor

hnojivo

adob

kombajn

collidora

sklidit

collir

sklizeň

collita

smldinec

nyam

pšenice

blat

sója

soja

brambora

patata

kukuřice

blat de moro o d'indi

řepka

colza

ovocný strom

arbre fruiter

maniok

mandioca

obilí

cereals

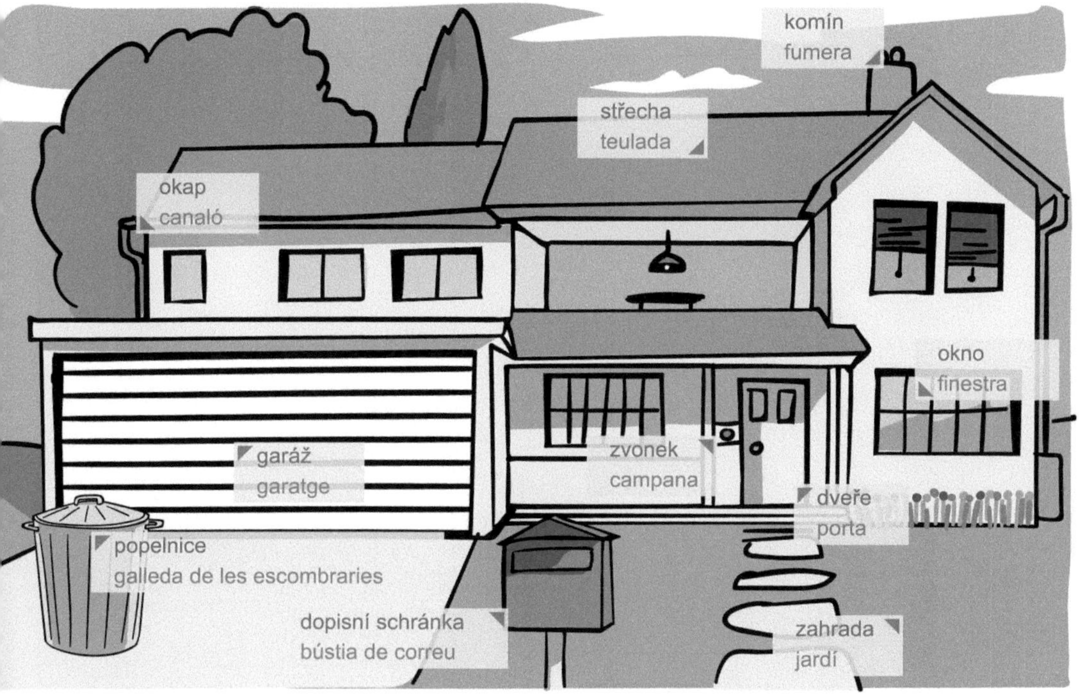

komín
fumera

střecha
teulada

okap
canaló

okno
finestra

garáž
garatge

zvonek
campana

dveře
porta

popelnice
galleda de les escombraries

dopisní schránka
bústia de correu

zahrada
jardí

obývací pokoj

sala d'estar

koupelna

bany

kuchyně

cuina

ložnice

cambra de dormir

dětský pokoj

cambra de nen

jídelna

menjador

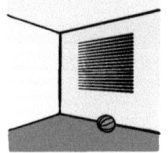

podlaha

sòl

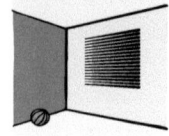

zeď

paret

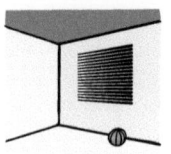

deka

sostre

sklep

soterrani

sauna

sauna

balkón

balcó

terasa

terrassa

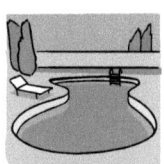

bazén

piscina

sekačka na trávu

tallagespa

ložní prádlo

vànova

lůžková přikrývka

cobrellit

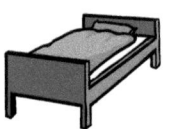

postel

llit

smeták

escombra

kýbl

galleda

vypínač

interruptor

# obývací pokoj
# sala d'estar

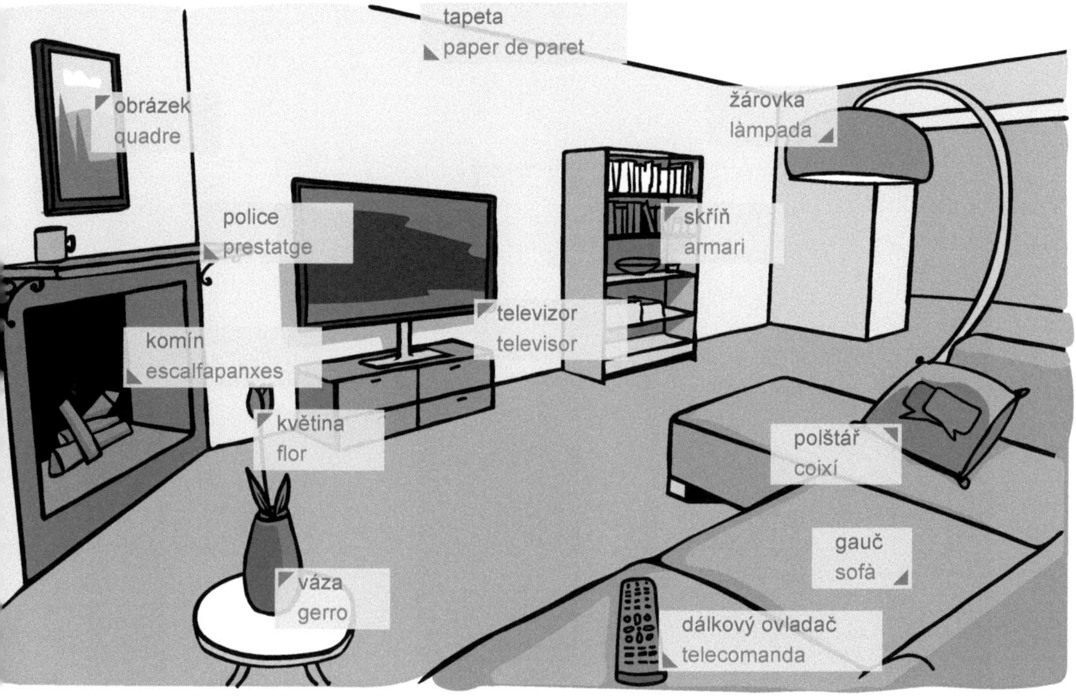

tapeta
paper de paret
obrázek
quadre
žárovka
làmpada
police
prestatge
skříň
armari
televizor
televisor
komín
escalfapanxes
květina
flor
polštář
coixí
gauč
sofà
váza
gerro
dálkový ovladač
telecomanda


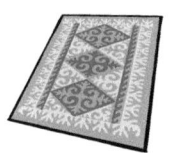

koberec

catifa

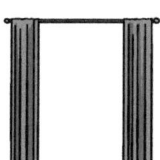

závěs

cortina

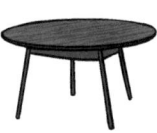

stůl

taula

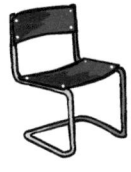

židle

cadira

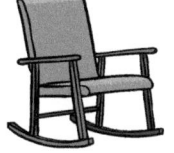

houpací křeslo

cadira gronxadora

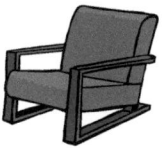

křeslo

cadiral

kniha

llibre

strop

llençol

ozdoba

decoració

palivové dříví

llenya

film

film

stereo souprava

cadena de música

klíč

clau

noviny

diari

malba

pintura

plakát

cartell

rádio

ràdio

poznámkový blok

bloc de notes

vysavač

aspiradora

kaktus

cactus

svíce

candela

# kuchyně
# cuina

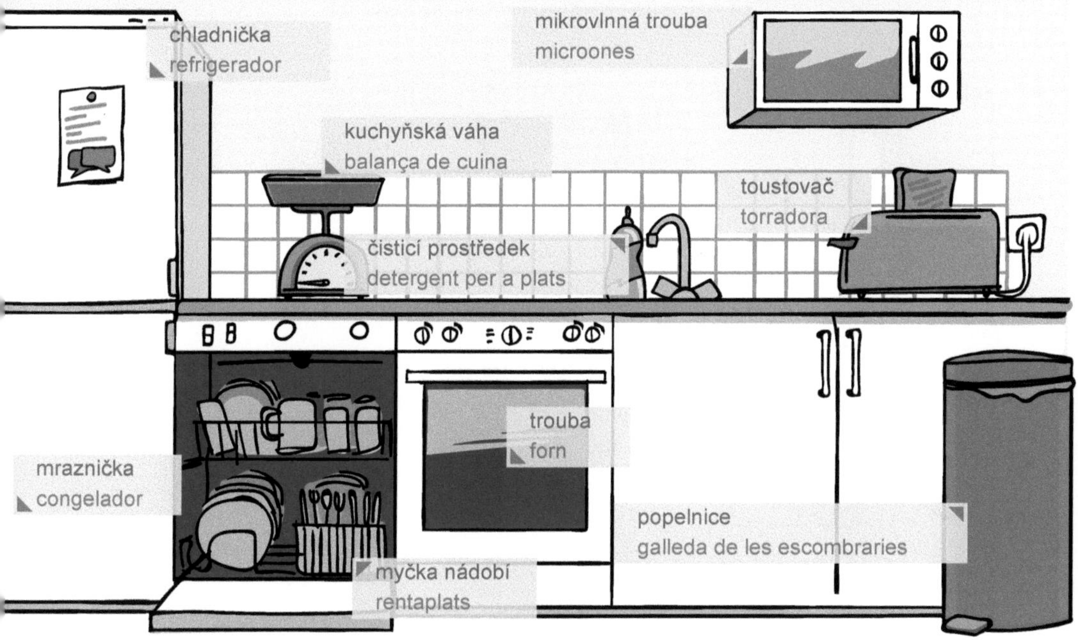
chladnička
refrigerador
mikrovlnná trouba
microones
kuchyňská váha
balança de cuina
toustovač
torradora
čisticí prostředek
detergent per a plats
mraznička
congelador
trouba
forn
popelnice
galleda de les escombraries
myčka nádobí
rentaplats

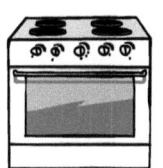

sporák
cuina de fogons

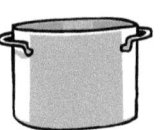

hrnec
olla

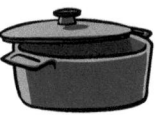

litinový hrnec
olla de ferro colat

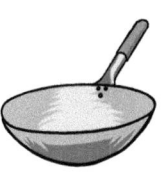

wok / kadai
wok / karahi

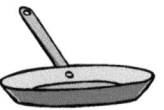

pánev
paella

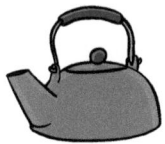

varná konvice
bullidor

parní hrnec

olla de vapor

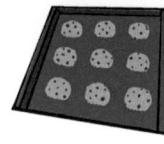

plech na pečení

plata de forn

nádobí

vaixella

hrnek

tassa grossa

miska

bol

jídelní hůlky

bastonets xinesos

naběračka

culler

obracečka

espàtula

metla

batedor

síto

colador

cedník

sedàs

struhadlo

ratllador

hmoždíř

morter

gril

barbacoa

ohniště

foc a terra

prkénko na krájení

taula de tallar

váleček na těsto

corró

vývrtka

llevataps

dóza

pot de conserva

otvírák na konzervy

obridor

chňapka

agafador

umyvadlo

aigüera

kartáč na nádobí

raspall

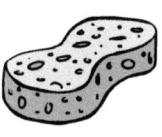

houba

esponja

mixér

batedora

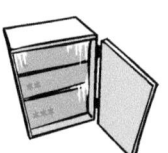

mrazák

congelador

dětská lahev

biberó

kohoutek

aixeta

# koupelna

# bany

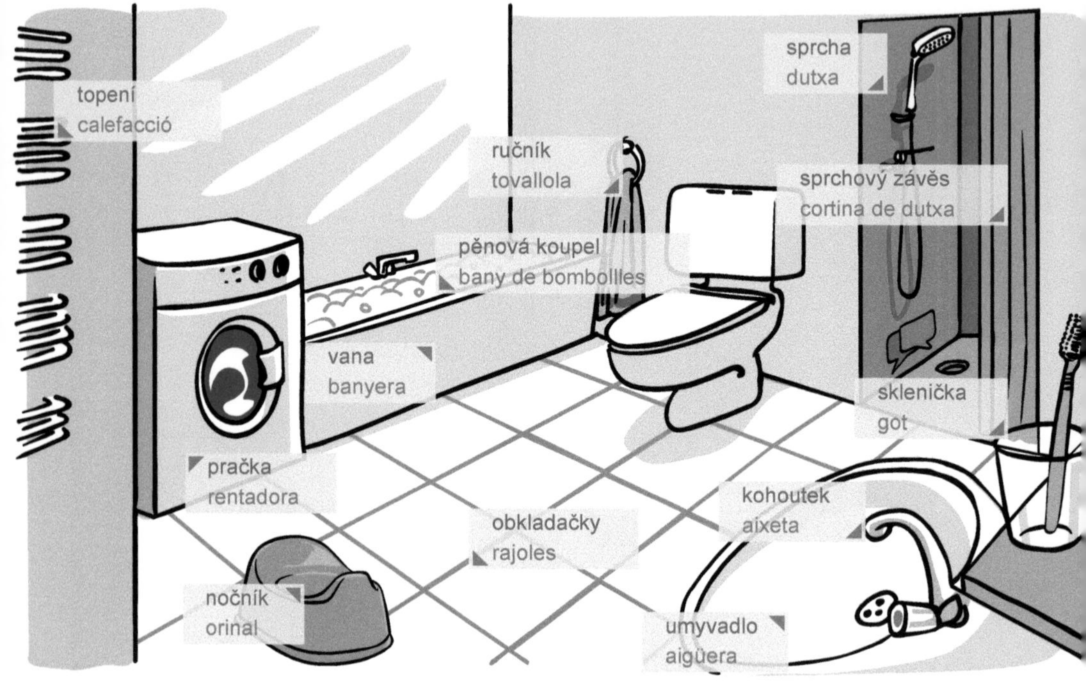
topení
calefacció
ručník
tovallola
sprcha
dutxa
sprchový závěs
cortina de dutxa
pěnová koupel
bany de bombolles
vana
banyera
pračka
rentadora
obkladačky
rajoles
nočník
orinal
kohoutek
aixeta
sklenička
got
umyvadlo
aigüera

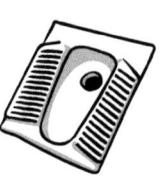

záchod

lavabo

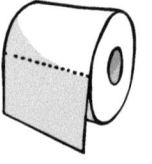

turecký záchod

lavabo turc

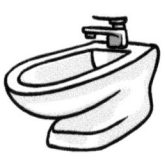

bidet

bidet

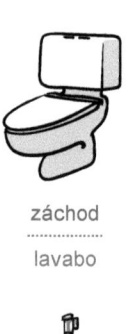

pisoár

orinador

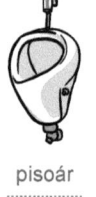

toaletní papír

paper higiènic

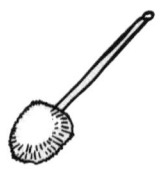

záchodová štětka

escombreta de sanitari

zubní kartáček

raspall de dents

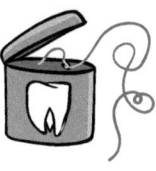

zubní pasta

pasta de dents

zubní niť

fil dental

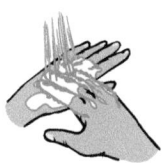

mýt

rentar

ruční sprcha

pom de dutxa

intimní sprcha

dutxa íntima

umyvadlo

rentamans

kartáč na záda

raspall per a l'esquena

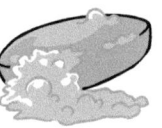

mýdlo

sabó

sprchový gel

gel de dutxa

šampón

xampú

žínka

manyopla de bany

odpad

bonera

krém

crema

deodorant

desodorant

zrcadlo

mirall

kosmetické zrcátko

mirall-espill de mà

holicí strojek

maquineta de rasar

pěna na holení

espuma de barbejar

voda po holení

loció post-rasada

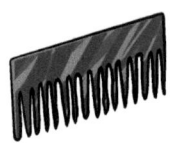

hřeben

pinta

kartáč

raspall

fén

eixugador

lak na vlasy

laca

makeup

maquillatge

rtěnka

pintallavis

lak na nehty

esmalt d'ungles

vata

cotó

nůžky na nehty

tallaungles

parfém

perfum

taška s toaletními potřebami

estoig de bellesa

stolička

tamboret

váha

bàscula

župan

barnús

gumové rukavice

guants de goma

tampón

compresa higiènica

dámská vložka

compresa

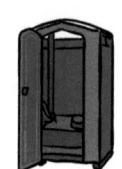

chemická toaleta

sanitari químic

# dětský pokoj
## cambra de nen

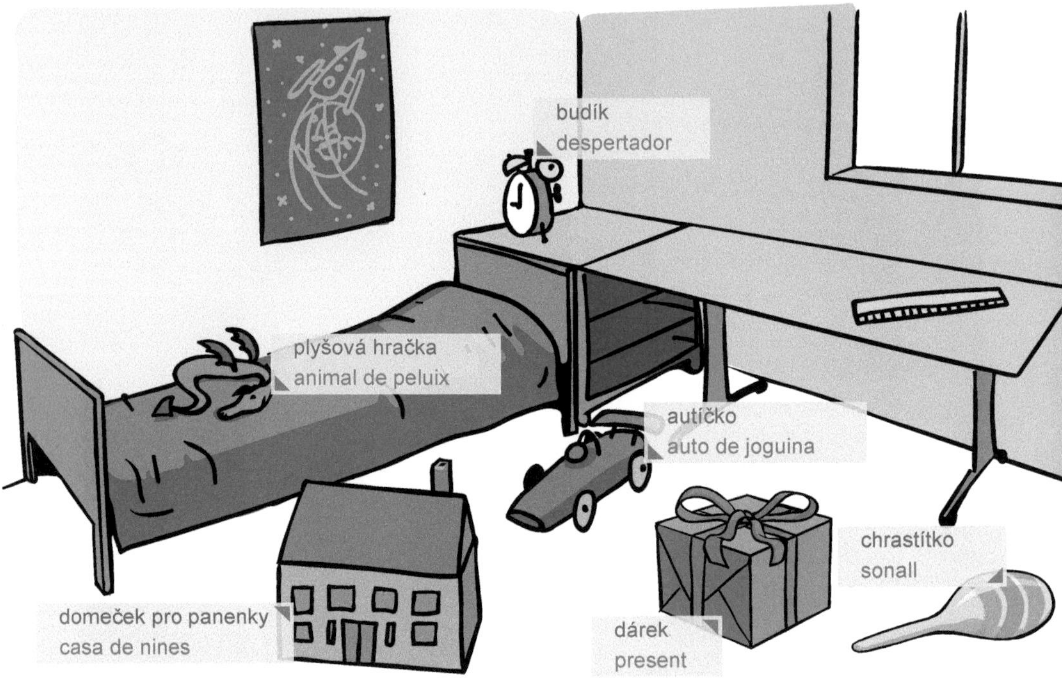
budík
despertador
plyšová hračka
animal de peluix
autíčko
auto de joguina
chrastítko
sonall
domeček pro panenky
casa de nines
dárek
present

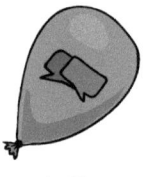

balón

baló

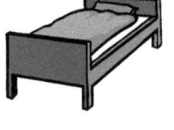

postel

llit

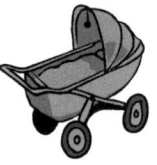

kočárek

cotxet per a nens

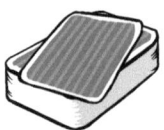

balíček karet

joc de cartes

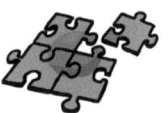

puzzle

trencaclosca

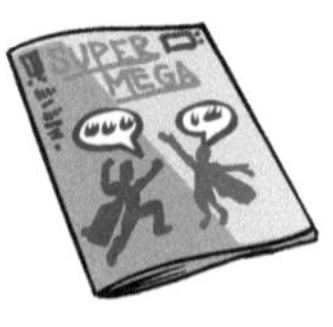

komiks

historieta

lego kostky

peces de lego

stavebnice

peces de construcció

akční figurka

ninot d'acció

dupačky

granota

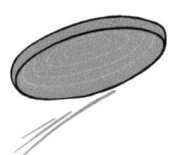

frisbee

frisbee

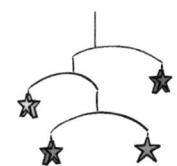

závěsné hračky nad postýlku

mòbil per a bressol

desková hra

joc de taula

kostky

daus

modelová železnice

tren elèctric

dudlík

xumet

oslava

festa

obrázková kniha

llibre de dibuixos

míč

pilota

panenka

nina

hrát si

jugar

pískoviště

sorrera

houpačka

gronxador

hračky

joguines

hrací konzole

consola de jocs de vídeo

tříkolka

tricicle

medvídek

osset de peluix

šatník

armari

# oblečení

## roba

ponožky

mitjons

punčochy

mitges

punčochové kalhoty

mitja pantaló

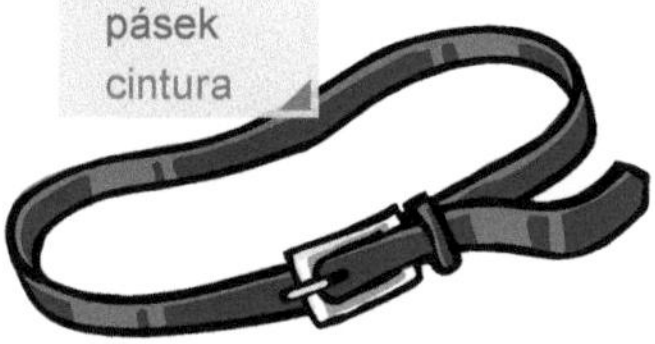

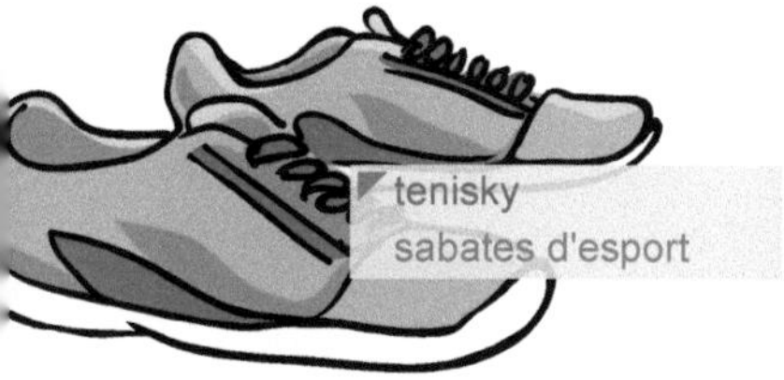

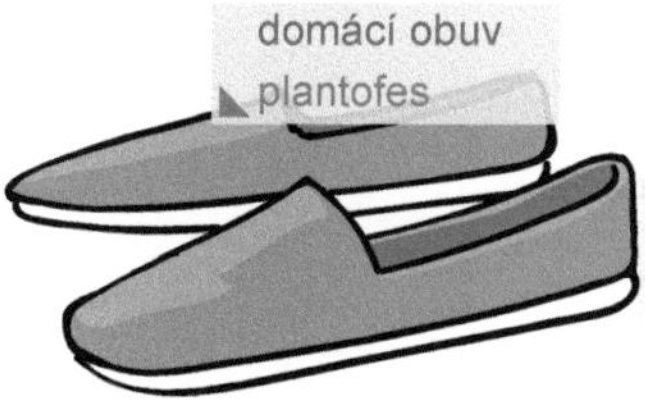

šála
tapacoll

deštník
paraigua

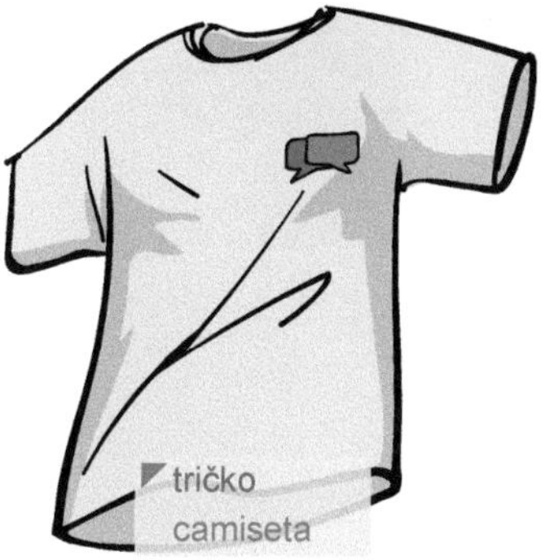

pásek
cintura

tričko
camiseta

kozačky
botes

domácí obuv
plantofes

tenisky
sabates d'esport

sandály
................
sandàlies

obuv
................
sabates

holínky
................
botes de goma

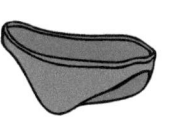

spodní prádlo
................
calçonets

podprsenka
................
sostenidor

nátělník
................
guardapits

oblečení - roba

**body**

jjustacòs

**kalhoty**

pantalons

**džíny**

jeans

**sukně**

faldeta

**blůza**

brusa

**košile**

camisa

**svetr**

jersei

**mikina**

dessuadora

**blejzr**

blazer

**bunda**

jaqueta

**kabát**

mantell

**pláštěnka**

impermeable

**kostým**

vestit de dona

**šaty**

vestit de dona

**svatební šaty**

vestit de núvia

oblek

vestit d'home

noční košile

camisa de dormir

pyžamo

pijama

sárí

sari

šátek na hlavu

mocador de cap

turban

turbant

burka

burca

kaftan

caftan

abája

abaia

plavky

vestit de bany

pánské plavky

calçon(et)s de bany

kraťasy

pantalons curts

tepl>áková souprava

xandall

zástěra

davantal

rukavice

guants

knoflík

botó

brýle

ulleres

náramek

braçalet

náhrdelník

collaret

prsten

anell

náušnice

orellera

čepice

casquet

ramínko

penjador

klobouk

capell

kravata

corbata

zip

cremallera

helma

casc

kšandy

elàstics

školní uniforma

uniforme escolar

uniforma

uniforme

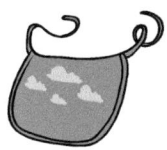

bryndák

pitet

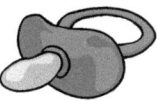

dudlík

xumet

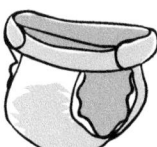

plena

bolquer

# kancelář

# oficina

server
servidor
kartotéka
armari arxivador
tiskárna
impressora
papír
paper
monitor
monitor
psací stůl
escriptori
myš
ratolí
šanon
arxivador
klávesnice
teclat
odpadkový koš na papír
paperera
židle
cadira
počítač
ordinador

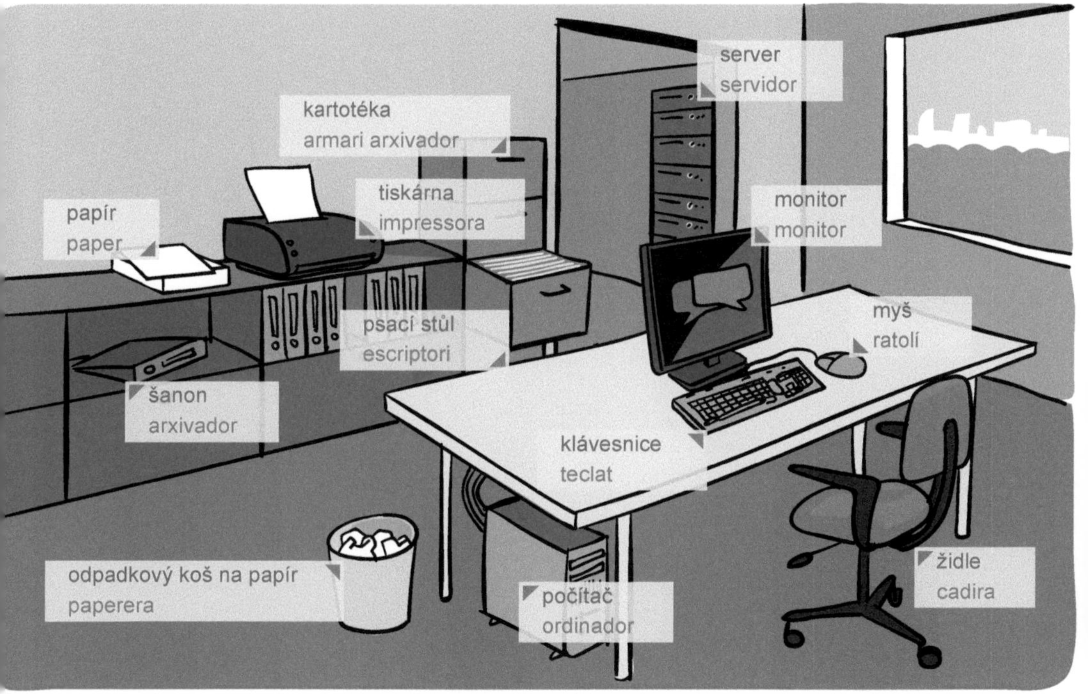

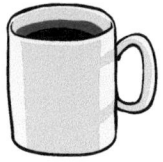

hrnek na kávu

tassa de cafè

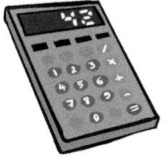

kalkulačka

calculadora

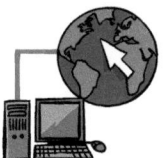

internet

Internet

notebook

ordinador portàtil

dopis

lletra

zpráva

missatge

mobil

mòbil

síť

xarxa

kopírka

fotocopiadora

software

programari

telefon

telèfon

zásuvka

presa de corrent

fax

fax

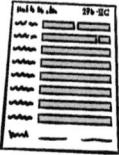

formulář

formulari

dokument

document

nakupovat

comprar

zaplatit

pagar

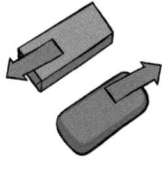

jednat

comerciar

peníze

diners

dolar

dòlar

euro

euro

jen

ien

rubl

ruble

frank

franc suís

juan

renminbi

rupie

rupia

bankomat

caixa automàtica

směnárna

oficina de canvi

zlato

or

stříbro

argent

olej

petroli

energie

energia

cena

preu

smlouva

contracte

daň

impost

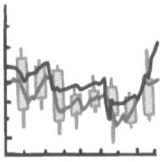

akcie

acció

pracovat

treballar

zaměstnanec

treballador

zaměstnavatel

empresari

továrna

fàbrica

obchod

botiga

policista
oficial de policia

hasič
bomber

kuchař
cuiner

lékař
doctora

pilot
pilot

zahradník

jardiner

truhlář

fuster

švadlena

costurera

soudce

jutge

chemik

química

herec

actor

řidič autobusu

conductor d'autobús

řidič taxi

taxista

rybář

pescador

uklízečka

dona de la neteja

pokrývač

ensostrador

číšník

cambrer

myslivec

caçador

malíř

pintor

pekař

forner

elektrikář

electricista

stavební dělník

obrer de la construcció

inženýr

enginyer

řezník

carnisser

klempíř

llanterner

listonoš

correu

voják

soldat

architekt

arquitecte

pokladní

caixera

florista

florista

kadeřník

perruquer

průvodčí

revisor

mechanik

mecànic

kapitán

capità

zubař

dentista

vědec

científic

rabín

rabí

imám

imam

mnich

monjo

duchovní

capellà

# nářadí
# eines

kleště
tenalles
kladivo
martell
šroubovák
descaragolador
kapesní svítilna
llanterna
klíč
clau anglesa

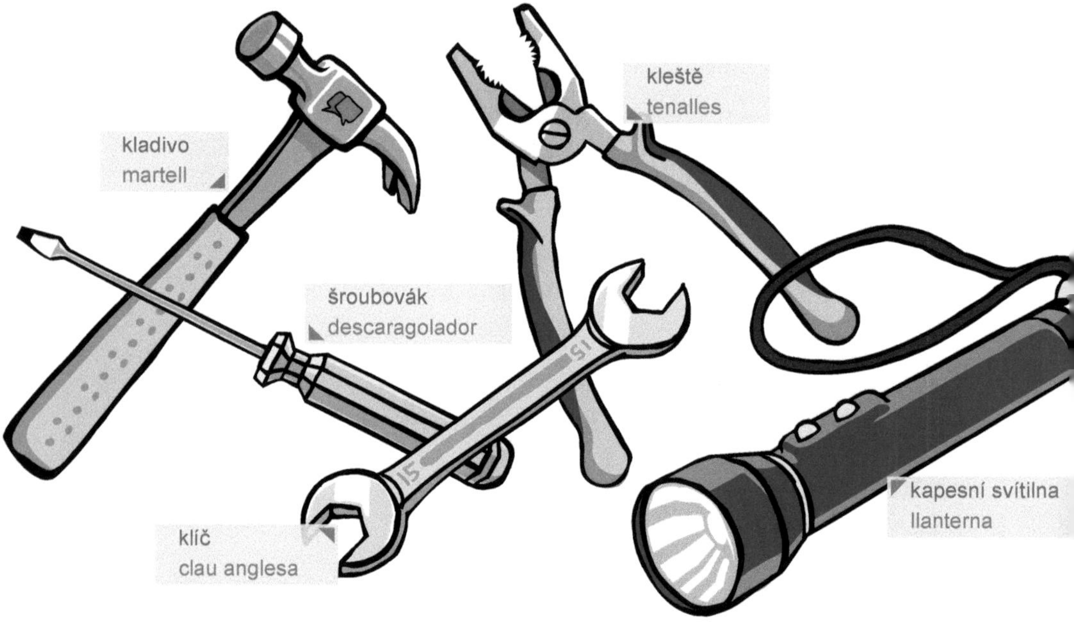

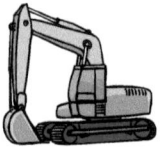

bagr

excavadora

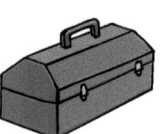

skříň na nářadí

caixa d'eines

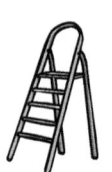

žebřík

escala

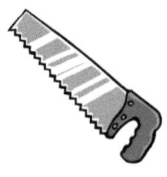

pila

serra

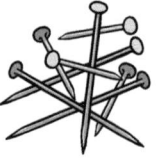

hřebíky

claus

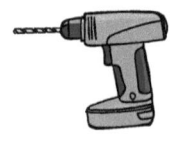

vrtačka

trepant

opravit

reparar

lopata

pala

Kurva!

Maleït siga!

lopatka

pala

vědroé na barvu

pot de pintura

šrouby

caragols

## hudební nástroje
## instrument de música

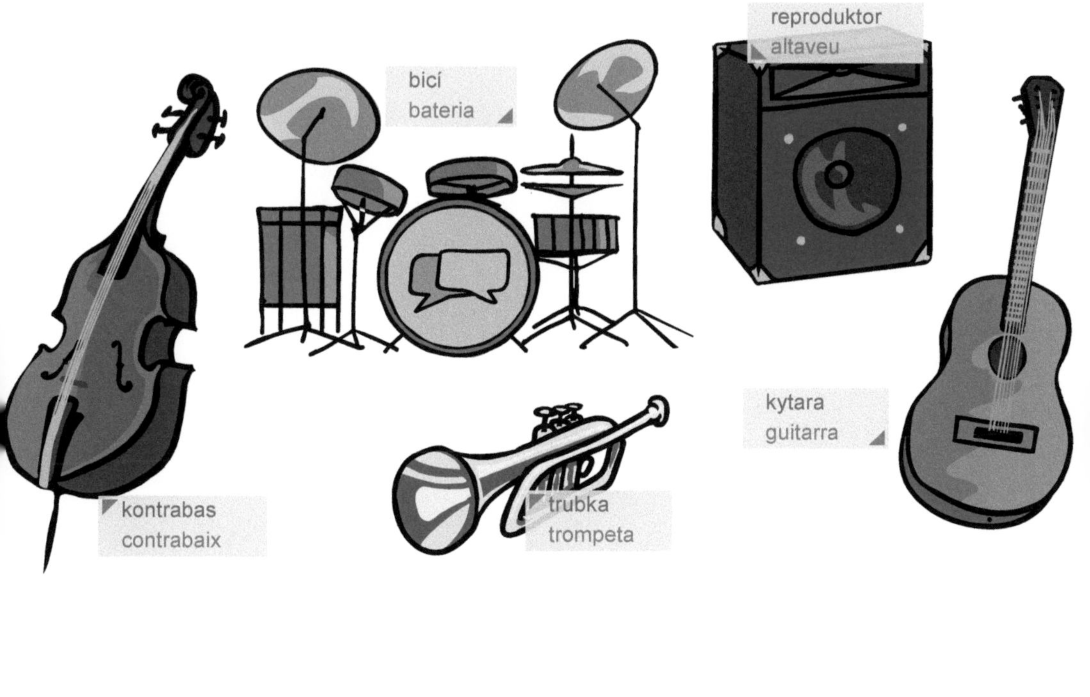

reproduktor
altaveu

bicí
bateria

kontrabas
contrabaix

trubka
trompeta

kytara
guitarra

klavír

piano

housle

violí

basa

baix

tympán

timbal

bubny

tambor

keyboard

teclat

saxofon

saxofon

flétna

flauta

mikrofon

micròfon

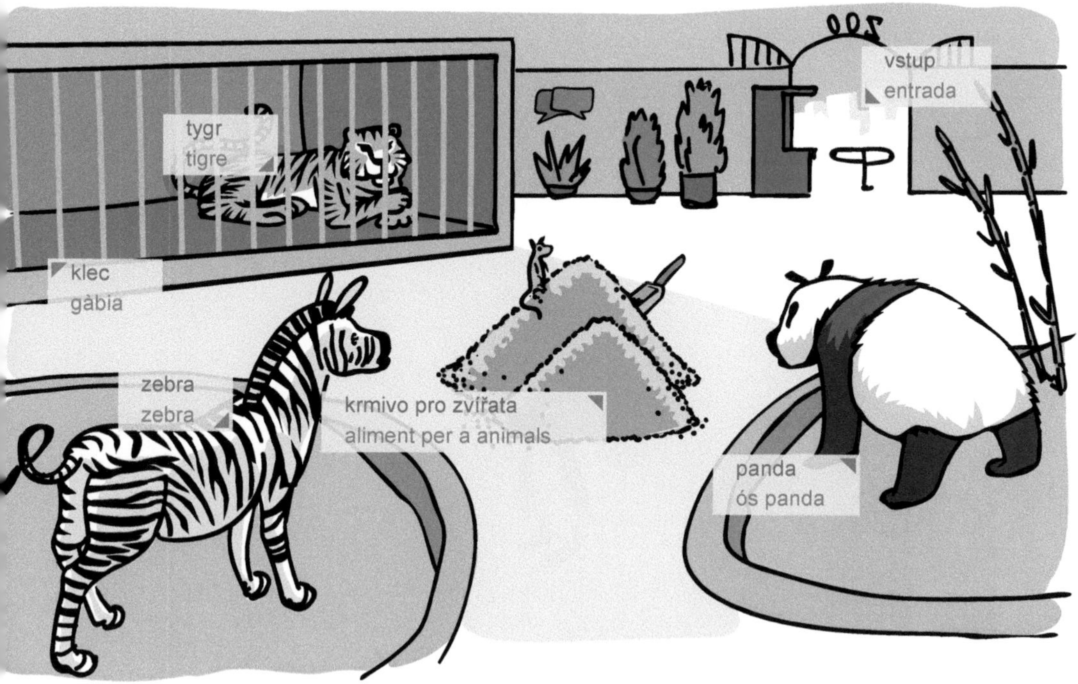

vstup
entrada

tygr
tigre

klec
gàbia

zebra
zebra

krmivo pro zvířata
aliment per a animals

panda
ós panda

zvířata
...................
animals

slon
...................
elefant

klokan
...................
cangurú

nosorožec
...................
rinoceront

gorila
...................
goril·la

medvěd
...................
ós

velbloud

camell

pštros

estruç

lev

lleó

opice

simi

plameňák

flamenc

papoušek

papagai

lední medvěd

ós polar

tučňák

pingüí

žralok

ca mari

páv

paó

had

serp

krokodýl

cocodril

ošetřovatel zvířat

guardià del zoo

tuleň

foca

jaguár

jaguar

poník

poni

leopard

lleopard

hroch

hipopòtam

žirafa

girafa

orel

àliga

divoké prase

senglar

ryby

peix

želva

tortuga

mrož

morsa

liška

guineu

gazela

gasela

americký fotbal
futbol americà

cyklistika
ciclisme

tenis
tenis

košíková
bàsquet

plavání
natació

box
boxa

lední hokej
hoquei sobre gel

kopaná

futbol americà

badminton

bàdminton

lehká atletika

atletisme

házená

handbol

běh na lyžích

esquí

vodní pólo

polo

# aktivity
# activitats

smát se
riure
skočit
saltar
objímat
abraçar
jít
anar
zpívat
cantar
snít
somiar
modlit se
pregar
políbit
fer un petó

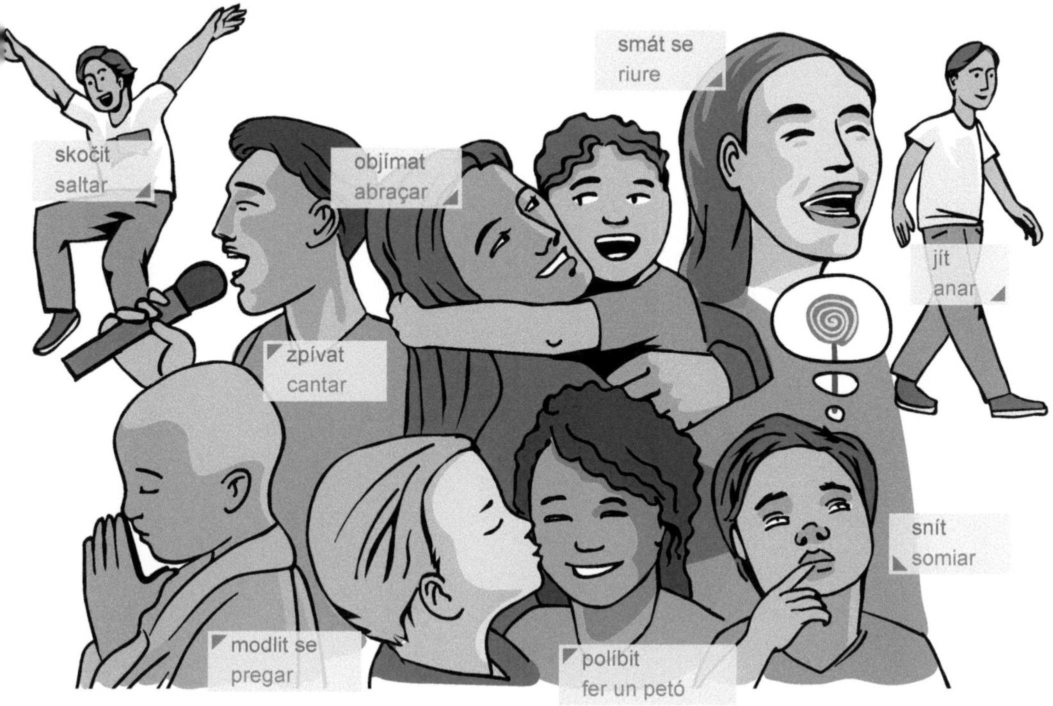

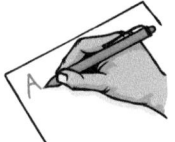

psát
escriure

kreslit
dibuixar

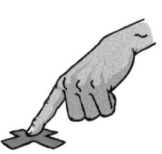

ukazovat
mostrar

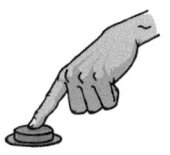

tlačit
pitjar

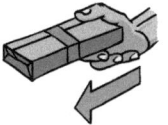

dát
donar

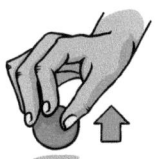

vzít si
prendre

mít

tenir

dělat

fer

být

ésser

stát

estar dret

běhat

córrer

táhnout

estirar

hodit

llançar

padat

caure

ležet

jeure

čekat

esperar

nosit

portar

sedět

asseure's

oblékat

vestir-se

spát

dormir

vzbudit se

despertar-se

aktivity - activitats

prohlédnout si

mirar

plakat

plorar

pohladit

amoixar

česat

pentinar

hovořit

parlar

rozumět

comprendre

ptát se

demanar

slyšet

escoltar

pít

beure

jíst

menjar

uklidit

endreçar

milovat

estimar

vařit

cuinar

jet

conduir

letět

volar

aktivity - activitats

plachtit

navegar

počítat

calcular

číst

llegir

učit se

aprendre

pracovat

treballar

vzít si

casar-se

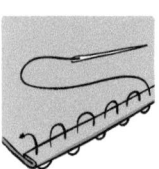

šít

cosir

čistit si zuby

raspallar-se les dents

zabít

matar

kouřit

fumar

poslat

enviar

# rodina
# família

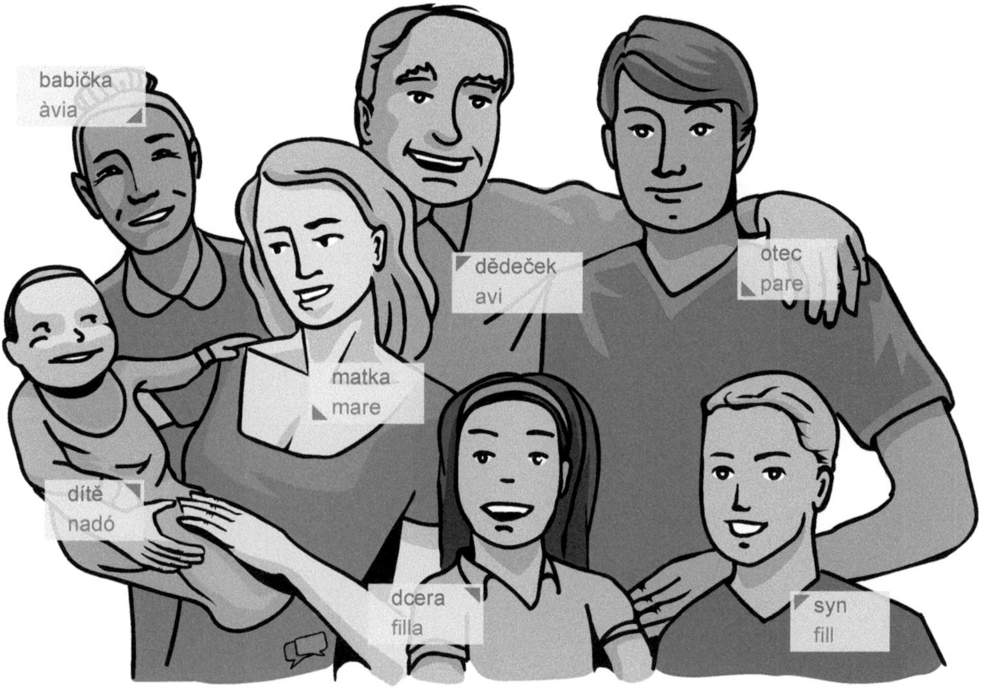
babička
àvia
dědeček
avi
otec
pare
matka
mare
dítě
nadó
dcera
filla
syn
fill

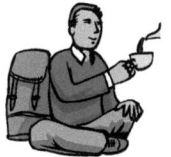

host
convidat

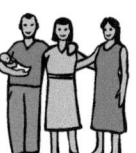

teta
tia

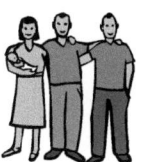

strýc
oncle

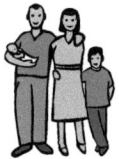

bratr
germà

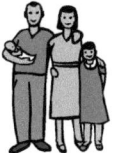

sestra
germana

# tělo

## cos

čelo
front
oko
ull
rameno
espatlla
prst
dit
obličej
cara
brada
barbeta
ruka
mà
dolní končetina
cama
hruď
pit
paže
braç

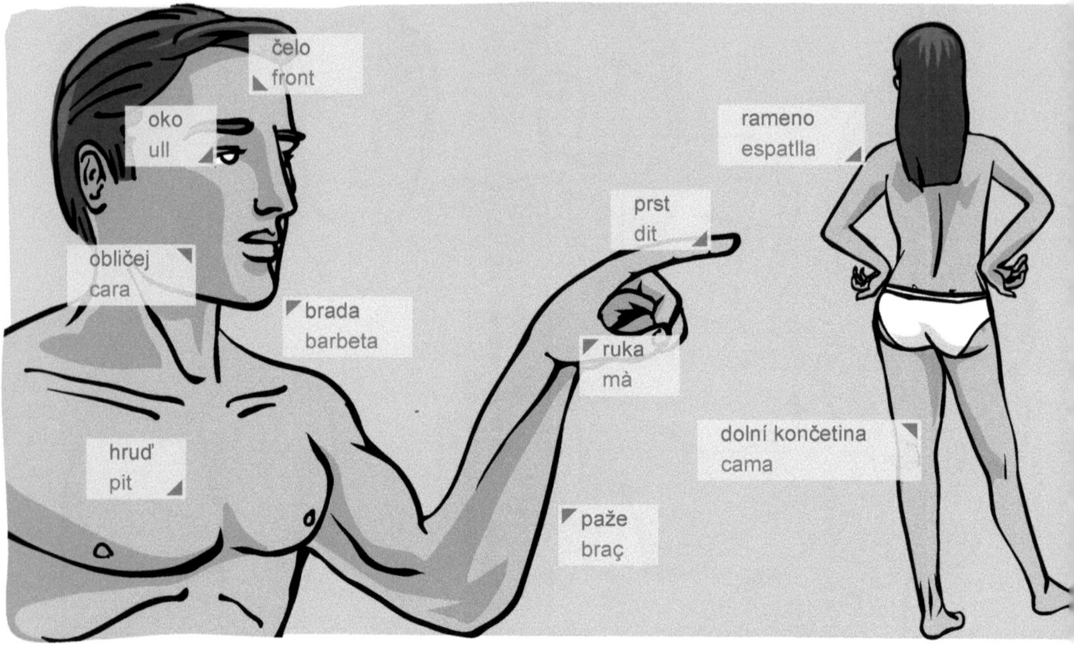

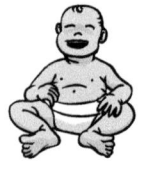

dítě

nadó

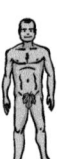

muž

home

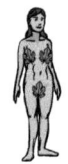

žena

dona

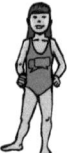

dívka

noia

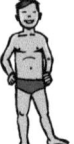

chlapec

noi

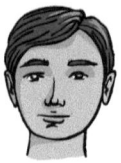

hlava

cap

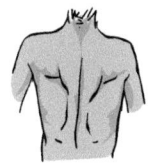

záda

esquena

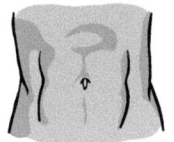

břicho

panxa

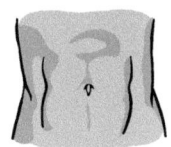

pupík

melic

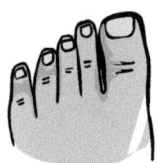

prst na noze

dit gros del peu

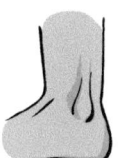

pata

taló

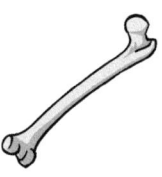

kost

os

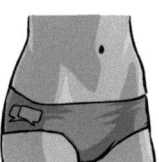

bok

maluc

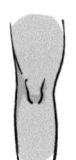

koleno

genoll

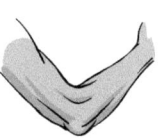

loket

colze

nos

nas

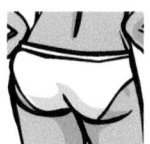

zadek

cul

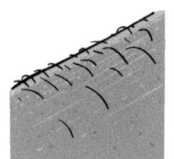

kůže

pell

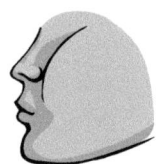

tvář

galta

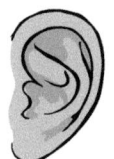

ucho

orella

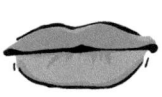

ret

llavi

ústa

boca

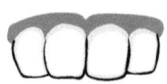

zub

dent

jazyk

llengua

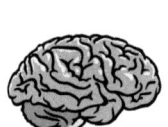

mozek

cervell

srdce

cor

sval

múscul

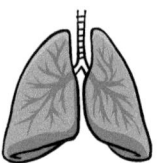

plíce

pulmó

játra

fetge

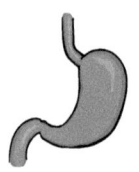

žaludek

estómac

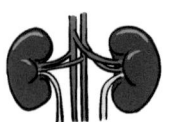

ledviny

ronyó

pohlavní styk

relació sexual

kondom

preservatiu

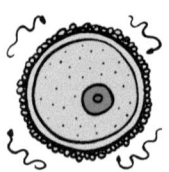

vajíčko

ovari

sperma

semen

těhotenství

prenyat

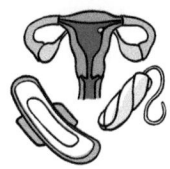

menstruace

menstruació

vagina

vagina

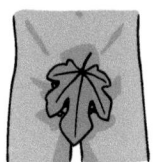

penis

penis

obočí

cella

vlasy

cabells

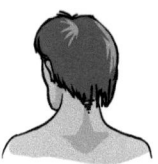

krk

coll

# nemocnice
# hospital

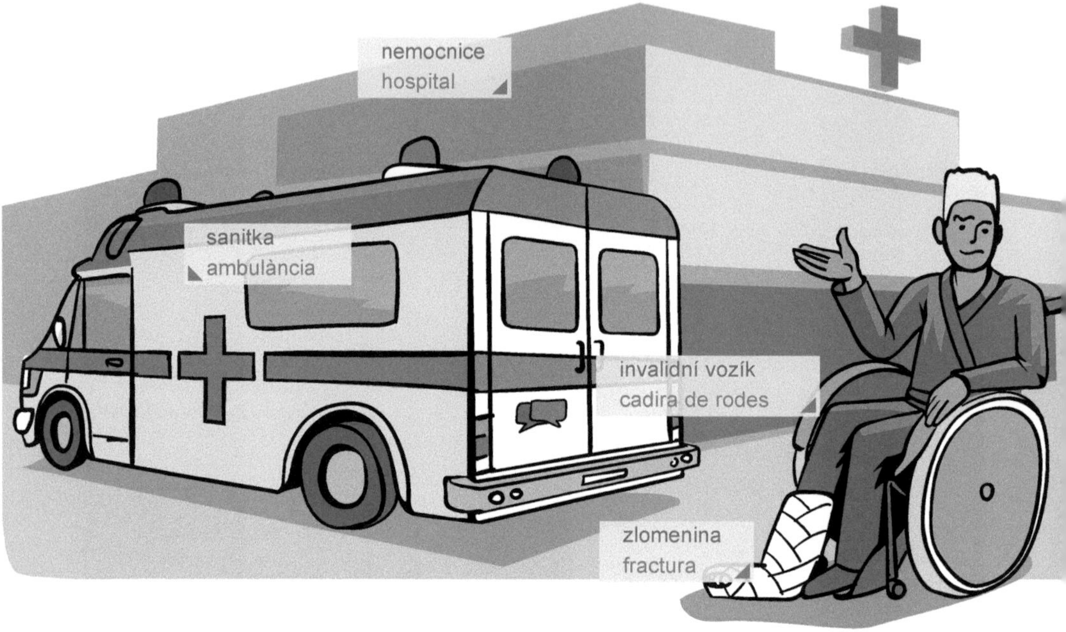

nemocnice
hospital
sanitka
ambulància
invalidní vozík
cadira de rodes
zlomenina
fractura

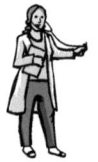

lékař

doctora

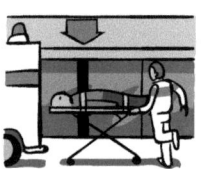

pohotovost

sala d'urgències

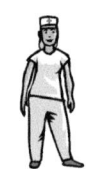

zdravotní sestra

infermera

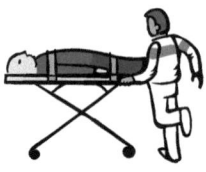

urgentní případ

urgència

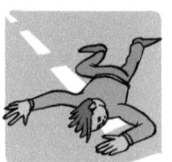

v bezvědomí

inconscient

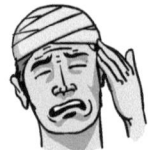

bolest

dolor

úraz

ferida

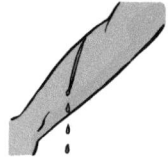

krvácení

sagnament

infarkt myokardu

atac de cor

cévní mozková příhoda

apoplexia

alergie

al·lèrgia

kašel

tos

horečka

febre

chřipka

gripa

průjem

diarrea

bolest hlavy

mal de cap

rakovina

càncer

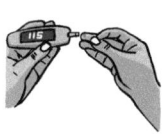

cukrovka

diabetis

chirurg

cirurgià

skalpel

escalpel

operace

operació

CT

tomografia computada (TC), TAC

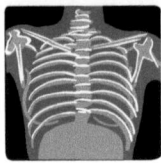

rentgen

raigs x

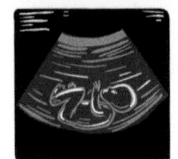

ultrazvuk

ultrasò

maska

mascareta

nemoc

malaltia

čekárna

sala d'espera

berle

crossa

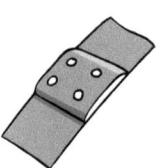

náplast

tireta

obvaz

embenat

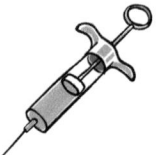

injekce

injecció

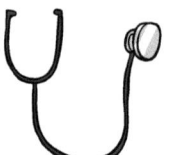

stetoskop

estetoscopi

nosítka

llitera

teploměr

termòmetre clínic

porod

pariment

nadváha

sobrepès

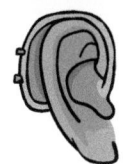

naslouchátko

aparell auditiu

dezinfekční prostředek

desinfectant

infekce

infecció

virus

virus

HIV / AIDS

VIH / SIDA

lékařství

medicina

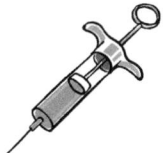

očkování

vaccí

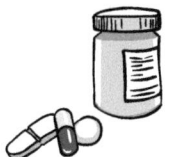

tablety

comprimits

pilulka

píl·lola

tísňové volání

trucada d'urgència

tonometr

tensiòmetre

nemocný / zdravý

malalt / sà

Pomoc!

Socors!

poplach

alarma

přepadení

assalt

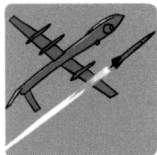

napadení

atac

nebezpečí

perill

nouzový východ

sortida-eixida d'urgència

Hoří!

Foc!

hasicí přístroj

extintor

nehoda

accident

zdravotnická brašna

farmaciola de primers
auxilis

SOS

SOS

policie

policia

Evropa

Europa

Severní Amerika

Amèrica del Nord

Jižní Amerika

Amèrica del Sud

Afrika

Àfrica

Asie

Àsia

Austrálie

Austràlia

Atlantik

Atlàntic

Pacifik

Pacífic

Indický oceán

Oceà Índic

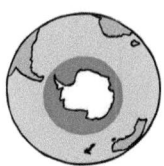

Jižní ledový oceán

Oceà Antàrtic

Severní ledový oceán

Oceà Àrtic

severní pól

pol nord

jižní pól

pol sud

Antarktida

Antàrtida

země

terra

pevnina

país

moře

mar

ostrov

illa

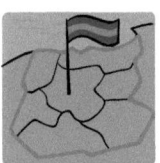

národ

nació

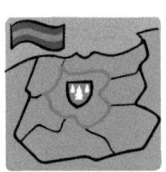

stát

estat

ciferník

quadrant

hodinová ručička

agulla de les hores

minutová ručička

agulla dels minuts

vteřinová ručička

agulla dels segons

Kolik je hodin?

Quina hora és?

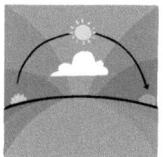

den

dia

čas

temps

teď

ara

digitální hodinky

rellotge digital

minuta

minut

hodina

hora

# týden
## setmana

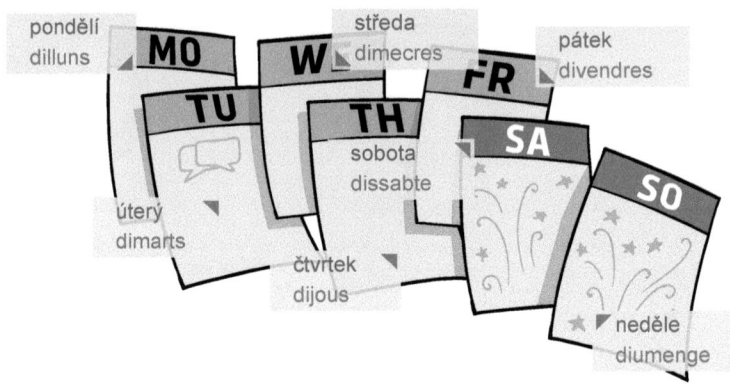

pondělí — dilluns — MO
úterý — dimarts — TU
středa — dimecres — W
čtvrtek — dijous — TH
pátek — divendres — FR
sobota — dissabte — SA
neděle — diumenge — SO

včera
ahir

dnes
avui

zítra
demà

ráno
matí

poledne
migdia

večer
tarda

pracovní dny
dia feiner

víkend
cap de setmana

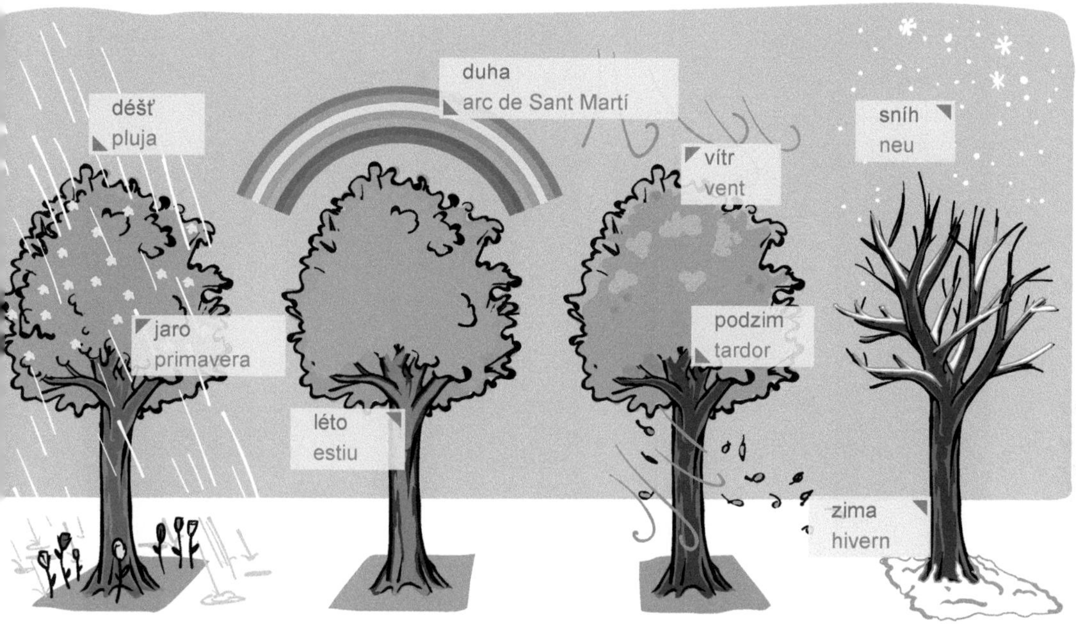

déšť
pluja

duha
arc de Sant Martí

vítr
vent

sníh
neu

jaro
primavera

podzim
tardor

léto
estiu

zima
hivern

| 4.APRIL | 11° | ☀ |
| 5.APRIL | 4° | |
| 6.APRIL | 13° | |
| 7.APRIL | 8° | ☀ |
| 8.APRIL | 10° | ☀ |

předpověď počasí

pronòstic del temps

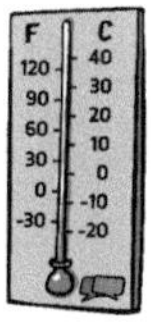

teploměr

termòmetre

sluneční svit

llum del sol

mrak

núvol

mlha

boira

vlhkost

humiditat de l'aire

blesk

llamp

hrom

tro

bouřka

tempesta

kroupy

calamarsa

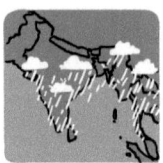

monzun

monsó

povodeň

inundació

led

gel

leden

gener

únor

febrer

březen

març

duben

abril

květen

maig

červen

juny

červenec

juliol

srpen

agost

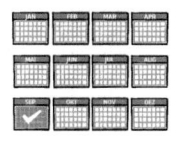

září
.................
setembre

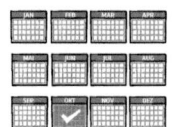

říjen
.................
octubre

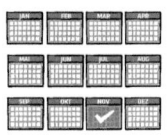

listopad
.................
novembre

prosinec
.................
desembre

## tvary
## formes

kruh
.................
cercle

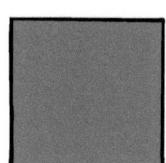

čtverec
.................
quadrat

obdélník
.................
rectangle

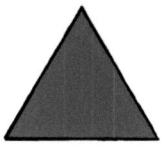

trojúhelník
.................
triangle

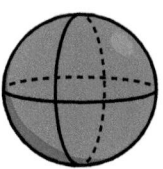

koule
.................
esfera

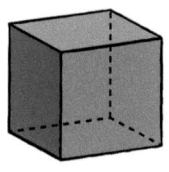

krychle
.................
cub

bílá
............
blanc

žlutá
............
groc

oranžová
............
taronja

růžová
............
rosa

červená
............
vermell

fialová
............
lila

modrá
............
blau

zelená
............
verd

hnědá
............
marró

šedá
............
gris

černá
............
negre

hodně / málo

molt / poc

rozzuřený / mírumilovný

emprenyat / tranquil

krásný / ošklivý

bonic / lleig

začátek / konec

començament / fi

velký / malý

gran / petit

světlý / tmavý

clar / fosc

bratr / sestra

germà / germana

čistý / špinavý

net / brut

úplný / neúplný

complet / incomplet

den / noc

dia / nit

mrtvý / živý

mort / viu

široký / úzký

ample / estret

jedlý / nejedlý

comestible / immenjable

zlý / hodný

dolent / amable

vzrušený / znuděný

entusiasmat / entediat

tlustý / hubený

gros / prim

nejdříve / naposledy

primer / darrer

přítel / nepřítel

amic / enemic

plný / prázdný

ple / buit

tvrdý / měkký

dur / tou

těžký / lehký

pesant / lleuger

hlad / žízeň

gana / set

nemocný / zdravý

malalt / sà

ilegální / legální

il·legal / legal

inteligentní / hloupý

intel·ligent / ximple

vlevo / vpravo

esquerra / dreta

blízko / daleko

prop / llunyà

**nový / použitý**

nou / usat

**nic / něco**

res / quelcom

**starý / mladý**

vell / jove

**zapnutý / vypnutý**

encès / apagat

**otevřeno / zavřeno**

obert / tancat

**tichý / hlasitý**

silenciós / sorollós

**bohatý / chudý**

ric / pobre

**správný / špatný**

correcte / incorrecte

**drsný / hladký**

aspre / suau

**smutný / šťastný**

trist / content

**krátký / dlouhý**

curt / llarg

**pomalý / rychlý**

lent / ràpid

**vlhký / suchý**

humit / sec - eixut

**teplý / chladný**

calent / fred

**válka / mír**

guerra / pau

**0**

nula

zero

**1**

jedna

u

**2**

dva

dos

**3**

tři

tres

**4**

čtyři

quatre

**5**

pět

cinc

**6**

šest

sis

**7**

sedm

set

**8**

osm

vuit

**9**

devět

nou

**10**

deset

deu

**11**

jedenáct

onze

**12**

dvanáct

dotze

**13**

třináct

tretze

**14**

čtrnáct

catorze

**15**

patnáct

quinze

**16**

šestnáct

setze

**17**

sedmnáct

disset

**18**

osmnáct

divuit

**19**

devatenáct

dinou

**20**

dvacet

vint

**100**

sto

cent

**1.000**

tisíc

mil

**1.000.000**

milion

milió

angličtina

anglès

americká angličtina

anglès americà

standardní čínština

xinès mandarí

hindština

hindi

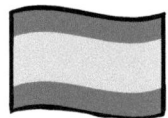

španělština

espanyol

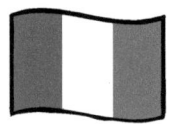

francouzština

francès

arabština

àrab

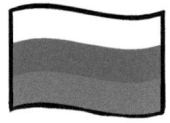

ruština

rus

portugalština

portuguès

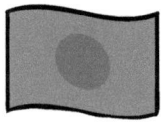

bengálština

bengalí

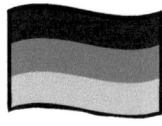

němčina

alemany

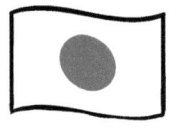

japonština

japonès

já

jo

ty

tu

on / ona / ono

ell / ella / allò

my

nosaltres

vy

vosaltres

oni

ells

Kdo?

qui?

Co?

què?

Jak?

com?

Kde?

on?

Kdy?

quan?

jméno

nom

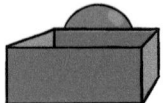

**za**

darrere

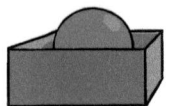

**do**

en

**z**

davant de

**nad**

damunt

**na**

sobre

**mezi**

sota

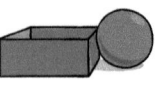

**vedle**

al costat

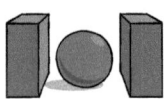

**mezi**

entre

**místo**

lloc